DIE KATHE VON DURHAM

CW00376828

Inhalt

Links: ①
Replika des Türklopfers des Sanktuariums. Wer diesen Türklopfer erreichte, konnte bis zur Begnadigung durch den König in der Kathedrale bleiben. Das Original befindet sich in der Schatzkammer der Kathedrale.

Historischer Überblick

998 Mönche von Lindisfarne weihen die "Weiße Kirche" als Ruhestätte für die Gebeine St. Cuthberts ein.

1022 Die Gebeine Bedas werden von Jarrow nach Durham gebracht.

1093 Bischof William und die Benediktinermönche legen den Grundstein der heutigen Kathedrale.

1093–1133 Chor, Querhaus und Langschiff werden mit steinernen Gewölbedecken errichtet.

1133–40 Errichtung des Kapitelhauses.

1175–89 Einweihung der Galiläa-Kapelle.

1242–74 Errichtung der Kapelle der Neun Altäre.

1372–80 Errichtung der Neville-Screen (als Altarrückwand und Chorabschluß).

1465–90 Erneuerung des Vierungsturms.

1541 Umbenennung der Kirche durch Heinrich VIII. in Kathedrale Unseres Herrn Jesus Christus und der Heiligen Jungfrau Maria.

1626–72 Verschönerung der Kathedrale durch Dekan Hunt und Bischof Cosin.

1650 Zerstörung eines Großteils des mittelalterlichen Holzwerks durch Cromwells Gefangene nach der Schlacht von Dunbar.

1777 Dringende Reparaturen an rissigen Gewölben und sich durchbiegenden Wänden.

1832 Gründung der Universität durch Bischof van Mildert und das Kapitel der Kathedrale.

1870–6 Lettner und Kanzel aus Alabaster von Gilbert Scott entworfen und errichtet.

1895 Restaurierung des Kapitelhauses zum Gedenken an Bischof Lightfoot.

1980 Neuaufhängung der Glocken in einem Stahlgerüst.

1980 Beginn mit der voraussichtlich 30 Jahre dauernden Restaurierung des Mauerwerks.

1984–5 Nord- und Südeingangsräume von den Handwerkern der Kathedrale nach Entwürfen von Ian Curry errichtet.

Willkommen in der Kathedrale von Durham!

Der erste Anblick, vom Zug oder vom Palace Green aus, ist atemberaubend. Sind Sie dann im Inneren, ist die Wirkung der mit Mustern versehenen Säulen, der Kraft und Stärke des erstaunlichen Gesamtbauwerks ebenso atemberaubend. Ein Triumph der Baukunst. Ein Werk des Glaubens. Eine Parabel Gottes.

Hätte es Cuthbert von Lindisfarne nicht gegeben, den beliebtesten der Heiligen im Nordosten Englands, gäbe es heute die Kathedrale nicht. Seine sterblichen Überreste fanden hier in Durham ihre letzte Ruhestätte, und befinden sich nun unter einer einfachen Marmorplatte hinter dem Hauptaltar. Der reich verzierte mittelalterliche Schrein ist zerstört, aber der Geist ist lebendig, und es versammeln sich immer noch Menschen um sein Grab, um ihre Gebete mit den seinen zu verbinden.

Diejenigen von uns, die in und nahe der Kathedrale leben und arbeiten, sind Teil dieser lebendigen Tradition. Als "Gemeinschaft von Verwaltern" kümmern wir uns um die Gebäude, fördern Lehre und Kunst, und heißen Besucher willkommen. Aber der Kern unserer Tätigkeit ist die tägliche Anbetung Gottes im Namen von Gottes ganzer Welt.

Wir heißen unsere Besucher und Pilger herzlich willkommen in der "Kirche Cuthberts". Wir beten dafür, daß Sie Ihren Besuch in der Kathedrale von Durham als ein "Heimkommen" empfinden, und daß Sie frohen Herzens sind, wenn Sie uns wieder verlassen.

Der Dekan

St. Cuthbert und Beda Venerabilis

Links: ⑭
Der von Sir Ninian Comper entworfene Baldachin über dem Grabmal des Heiligen Cuthbert.

Unten: ⑭
Das Grabmal St. Cuthberts. Die Gebeine des Heiligen ruhen noch immer an der Stelle, wo früher sein Schrein stand.

St. Cuthbert

Ohne St. Cuthbert gäbe es heute kein Kathedrale von Durham. Sie wurde a Schrein für den berühmten und belieb testen der Heiligen des englischen Nord ostens gebaut. Als Schäferjunge hatt Cuthbert eine Vision, in der St. Aidan Seele auf den Händen von Engeln in de Himmel getragen wurde; dies inspiriert ihn, Mönch zu werden. Er hätte vor gezogen, als Einsiedler zu leben, abe sein Ruhm als Heiliger und Gelehrte wurde so groß, daß man darauf bestand ihn zum Bischof zu machen; 685 wurd er zum Bischof von Lindisfarne geweih Zwei Jahre später starb er auf der Inse Farne und wurde in der Kirche au Lindisfarne bestattet. Zehn Jahre nac seinem Tod zeigte sein Leichnam ke nerlei Verwesungsspuren und wurde i einen oberirdischen Schrein umgebette

Dort ruhte er zweihundert Jahre lang bis die Raubzüge der Dänen de Mönchen die Flucht ratsam erscheine ließen. St. Cuthbert hatte verordnet, da seine Gebeine mitzunehmen seien, sol ten die Mönche je Lindisfarne verlasse Also öffnete man den Schrein, und z jedermanns Ehrfurcht und Erstaune war sein Leib so unverwest wie am Ta der Bestattung. Die Mönche betteten ih in einen Holzsarg, den sie auf ihren b 995 dauernden Wanderungen mit sic führten. 995 fanden sie endlich eine sicheren Ort auf einem fast vollständi vom Fluß Wear umgebenen Felsvo sprung. Hier brachten sie die Gebeine de Heiligen vorläufig in einer kleine Kirche aus Ästen unter, während s sich an den Bau von etwas Besseren machten.

Das neue Bauwerk wurde die "Weiß Kirche" genannt und blieb Cuthber Schrein bis zum Jahr 1092, als man s abriß, um einer neuen Kathedrale Pla zu machen. Der Leib des Heiligen wurd in einem vorläufigen Schrein unte gebracht, aber 1104 war der Schrei

hinter dem Hauptaltar fertig. Die Mönche hatten alles für die Umbettung der wertvollen Reliquie vorbereitet, aber in der Nacht davor war das den Bau des Gewölbes über dem neuen Grab stützende Holzgerüst immer noch an Ort und Stelle, und der Abbau erwies sich als ungemein schwierig; "aber", so der Geschichtsschreiber, "am Morgen des Tages selbst lag das ganze Gerüst flach auf dem Boden, ohne etwas beschädigt zu haben"; es heißt, daß der Heilige selbst für den Fall des Gerüsts sorgte.

Etwa 1140 begann Bischof de Puiset mit dem Bau einer Marienkapelle am Ostende der Kathedrale; die Wände waren kaum begonnen, als sich die ersten Risse zeigten, und man behauptete, daß es St. Cuthbert wohl nicht genehm sei, eine solche Kapelle so nahe bei seinem Grab zu haben. Der Bischof stellte den Bau daraufhin ein, und ließ Arbeiter und Baumaterial zum Westende bringen, wo er um ca. 1175 die heutige Galiläa-Kapelle errichten ließ.

St. Cuthberts Schrein war das Glanzstück der Kathedrale und der Hauptanziehungspunkt für Pilger. Könige, Prälaten und zahllose einfache Leute kamen, um ihre Gaben und Gebete zu bringen. Männern war es gestattet, an den Schrein des Heiligen heranzutreten, Frauen hingegen nicht. Eine Linie in

Links: ⑲
Peter der Diakon. Dem Schrein Cuthberts gestiftete, bestickte Stola aus dem 10. Jh.

Unten: ⑲
Die Überreste von St. Cuthberts Sarg, 698 für den Leichnam des Heiligen gefertigt.

Rechts: (4)
Bedas Grab enthält noch immer die Gebeine des Heiligen, die 1370 hierher überführt wurden. Bis dahin waren sie im Schrein Cuthberts aufbewahrt worden.

Rechts (kleines Bild): (3)
Die Galiläa-Kapelle, die wohl ihren Namen daher bekam, daß sie die letzte Station der großen Sonntagsprozession war, die die Rückkehr Unseres Herrn nach Galiläa symbolisierte.

Unten: (19)
1827 aus dem Sarg Cuthberts entnommenes Brustkreuz. Eine northumbrische Goldcloisonné-Arbeit aus dem 7. Jh.

schwarzem Frosterley-Marmor verläuft quer knapp vor dem Taufstein, und Frauen durften sie nicht überschreiten. 1333 war Königin Philippa, Gemahlin König Eduards III., in Durham und zwar im Haus des Priors. Man weckte sie mitten in der Nacht, setzte sie von der angeblichen Abneigung des Heiligen gegen Frauen in Kenntnis und bot ihr ein Bett in der Festung an. Die Königin erhob sich und nahm, in Ehrfurcht vor dem Heiligen, nicht den direkten Weg durch die Kathedrale, sondern ging durch das große Klostertor im Westen hinaus, am Ostende der Kathedrale vorbei, und die Dun-Cow-Gasse entlang zum Schloß; gleichzeitig bat sie den Heiligen, sie nicht für ein Vergehen zu bestrafen, das sie in Unkenntnis begangen hatte.

Es gibt drei verschiedene Listen der Schätze, die sich um Cuthberts Schrein häuften. Recht seltsames soll darunter gewesen sein: ein Stück vom Stab Moses, ein Splitter der Krippe Unseres Herrn, ein Teil von dem Baum, unter dem Abraham den drei Engeln begegnete, ein Stück vom Thron der zwölf Apostel, eine Unmenge von Kleidungsstücken, die einer großen Zahl von Heiligen gehört haben sollen, und eine ebenso große Zahl an Heiligenreliquien. Da gab es die Klaue eines Greifen und mehrere Greifeneier, zusammen mit einer großen Zahl an Kästchen aus Elfenbein und aus Kristall; Becher, Kreuze und Preziosen aus Gold mit eingelegten Edelsteinen – ein unermeßlicher Schatz. Der Schrein selbst, so die *Rites of Durham*, "wurde als eines der kostbarsten Denkmäler in ganz England eingeschätzt, so groß waren die Gaben und Juwelen, die ihm gestiftet und endlos die Zahl der Wunder, die in seiner Nähe gewirkt wurden, selbst in diesen späteren Tagen." Am 31.12. 1540 ergab sich das Kloster von Dur-

ham der Krone, und seine Schätze wurden eingezogen. Insbesondere war da ein Edelstein, von dem die Goldschmiede sagten, daß er "das Lösegeld für einen König" wert sei. Als man den Schrein selbst aufbrach, fand man den Heiligen auf der Seite liegend, "ganz, unversehrt, sein Gesicht unbedeckt und sein Bart so wie er war, etwa 14 Tage alt, und all seine Gewänder an ihm, in denen er gewöhnlich die Messe las".

Der Sarg wurde im Mittelalter mehrmals geöffnet, und einige der Gewänder gewechselt. Jedesmal wurde berichtet, daß der Leib unverwest sei. Eine Zeitlang bewahrte man ihn in der Sakristei auf und wartete auf Nachricht vom König. Schließlich begrub man ihn unter einer einfachen Marmorplatte an der Stelle, an der vorher sein Schrein stand; da befindet er sich noch heute.

Beda Venerabilis

Zusätzlich zu den Gebeinen Cuthberts war das Kloster in Durham in Besitz der Gebeine des Beda Venerabilis. Der gelehrte Heilige verstarb 735 in Jarrow und wurde dort begraben; um das Jahr 1022 aber entwendete ein Mönch namens Aelfred die sterblichen Überreste und brachte sie nach Durham, wo er Sakristan war, und fügte sie der Sammlung von Reliquien nordenglischer Heiligen bei, die er bereits angehäuft hatte. Die alten Klöster St. Peter in Monkwearmouth und St. Paul in Jarrow, wo Beda Venerabilis gelebt und gearbeitet hatte, hatten sich bereits unter Mönchen aus dem Süden erneuert, die die benediktinische Regel streng einhielten. Bischof William brachte diese Männer nach Durham, so daß Durham zum Erben der beiden Häuser wurde, die in den Tagen von Benedikt Biscop und Beda die Wiege englischer Gelehrsamkeit gewesen waren.

CHRISTVS
EST STELLA
MATVTINA QVI NOQVE
NAECVLI TRANSACTA
LVCEM VITAE
SANCTIS PROMITTIT
ET PANDIT AETERNAM
Bneda in Apocalypsin cap. ii 28
CHRIST IS THE MORNING STAR
WHO WHEN THE NIGHT
OF THIS WORLD IS PAST
BRINGS TO HIS SAINTS
THE PROMISE OF
THE LIGHT OF LIFE
& OPENS EVERLASTING DAY

Schrein und Bollwerk

Links: ⑪
Blick nach Norden.
Der Turm wird von vier
großartigen Bögen
getragen, die jeweils
ca. 23 Meter hoch
sind. Die Laterne ist
fast 52 Meter hoch.

Links (kleines Bild): ⑪
Die Laterne des
Vierungsturmes.

Unten links: ②
Das Triforium. Dieser
Blick, vom Triforium in
das Schiff, zeigt, wie
wundervoll licht das
Bauwerk ist. Beachten
Sie bitte die grob, aber
kraftvoll gemeißelten
Kragsteine.

Unten rechts: ⑱
Kreuzgangtür.

Die Kathedrale von Durham ist einmalig. Sie ist das schönste Beispiel frühnormannischer Architektur in England, und ihre monumentale Größe wird durch die herrliche Lage weiter herausgehoben.

Nach der Eroberung 1066 wandten die Normannen ihre Aufmerksamkeit nach Norden. Die Festungsanlage in Durham wurde 1071 angefangen, zu einer Zeit, als sich der Großteil Nordenglands dem Arm des Gesetzes entzog. Man brauchte eine normannische Anlage, die den Überfällen der Schotten und der ihre Unabhängigkeit verteidigenden Grenzlandbewohner standhalten konnte. (Durham war die einzige größere Stadt in Grenznähe, die nicht von den Schotten eingenommen wurde.)

1080 verlieh Wilhelm der Eroberer dem Fürstbischof von Durham, William von St. Carileph, pfalzgräfliche Rechte. Er hatte religiöser und gleichzeitig militärischer Anführer zu sein, und seine Machtfülle war in vieler Hinsicht königsgleich.

In Durham gab es bereits eine auf 998 zurückgehende religiöse Gemeinschaft, als sächsische Benediktinermönche die "Weiße Kirche" zur Grabstätte des Heiligen Cuthbert erklärten. Der zweite normannische Bischof, William von St. Carileph (1081–96), war 1093 der Gründer der jetzigen Kathedrale.

1088 klagte man William von St. Carileph wegen Verschwörung gegen Wilhelm Rufus an und verbannte ihn in die Normandie. 1091 kehrte er nach Durham zurück, und am 11. August 1093 legten Bischof William, Prior Turgot und die Mönche den Grundstein der jetzigen Kathedrale.

1099 ging das Bistum an einen weiteren hochpolitischen Bischof, Rannulf Flambard, der ein geschickter Intrigant und guter Steuereintreiber für den König war. Er fand den Chor und die Vierung bereits vollendet vor. 1104 wurden

Oben: ②
Blick ins Schiff. Diese
wuchtigen Säulen
bieten einen
großartigen Anblick.

Rechts: ⑮
Die Kapelle der Neun
Altäre. Die Erhabenheit
und sich in die Höhe
schwingenden Linien
der Kapelle werden
dadurch erreicht, daß
der Boden einen Meter
tiefer liegt als der Rest
der Kirche.

und wölbten sie ein. In vierzig Jahren und unter zwei Bischöfen wurde die von William von St. Carileph geplante Kathedrale fertiggestellt. Nun steht sie in ihrer schier endlosen und wuchtigen Größe da, und ist doch so gelungen proportioniert, daß nichts überladen erscheint. Zusammen mit der normannischen Burg, die den Zugang zur Halbinsel bewachte, stellte sie eine Befestigungsanlage dar, die vor den Tagen der Kanone uneinnehmbar war. Ein Teil des Kathedraleninneren war in Rot und Schwarz verziert; ein kleiner Überrest dieser Musterung ist noch in der südlichen Arkade, in der Nähe des Neville-Grabes, zu sehen.

Die Bautätigkeit ging weiter. Das Kapitelhaus wurde unter Geoffrey Rufus (1113–40) errichtet. Hugh de Puiset, Neffe Königin Matildas, wurde auf Geheiß seiner mächtigen Tante gegen allen Widerstand am Ort zum Bischof ernannt. Er rechtfertigte jedoch seine Ernennung, denn er war ein nobler Bauherr, wenn seine Architekten auch mehr von Kunst als von architektonischen Gesetzen verstanden. Er begann mit dem Bau der Galiläa-Kapelle.

Die Steinsäulen der Galiläa-Kapelle wurden von Thomas Langley hinzugefügt, Bischof von Durham (1406–37), Kardinal, und zweimal Schatzkanzler von England. Er baute auch die massiven Strebepfeiler, die verhindern, daß das gesamte Bauwerk zum Fluß hin abrutscht – de Puisets Architekt hatte es nämlich nicht für nötig befunden, feste Grundmauern anzulegen. Kardinal Langley schloß seine Arbeit an der Galiläa-Kapelle mit dem Bau seines eigenen Grabmals ab, das er in der Kapelle vor dem Westportal der Kirche errichten ließ.

1228 wurde Richard le Poore nach Durham versetzt, und zwar von Salisbury, wo er eine wunderschöne Kathedrale bauen ließ. Als er nach Durham

Nord- und Südtransept fertiggestellt. Das nördliche Querhaus bekam ein Steingewölbe, das bis heute unverändert ist; der Chor wurde ähnlich eingewölbt, später aber verändert. Das südliche Querhaus hatte zu jener Zeit ein Holzdach. Zwei Nischen des Langschiffes und der Seitenschiffe wurden fertiggestellt, sowie ein Drittel des Triforiums.

Auf Flambards Tod 1128 folgte eine fünfjährige Vakanz; während dieser Zeit bauten die Mönche am Langschiff weiter, stellten die Seitenschiffe fertig

kam, beschloß er, seine Architekten mit jenem Teil des Bauwerks zu betrauen, an dem die de Puisets scheiterten. Der ursprüngliche Ostteil der Kathedrale hatte die Form einer Apsis, aber das Mauerwerk war in einem gefährlichen Zustand – vom Bischof verschickte Spendenaufrufe besagten, daß das Gewölbe jeden Moment einstürzen könne. Die anfallenden Reparaturarbeiten am Chor ermöglichten es gleichzeitig, den Ostteil dem Stil des Neubaus anzugleichen. Der Architekt war Richard of Farnham, und obwohl Bischof le Poore verstarb, bevor viel geschah, wurden die Arbeiten unter Prior Melsonby (1233–44) fortgesetzt. Im Kloster gab es zahlreiche Priester, die natürlich jeden Tag die Messe lesen mußten; also wurde die neue Kapelle für neun Altäre errichtet und dementsprechend genannt.

Zeiten emsiger Bautätigkeit wurden von Zeiten der Vernachlässigung abgelöst, und, als Prior John of Wessington, oder Washington, 1416 eingesetzt wurde, stand eine Unmenge an Reparaturarbeiten an. Er kam aus einer Familie, die mehr als 300 Jahre später den ersten Präsidenten Amerikas stellen sollte. In den dreißig Jahren seiner Herrschaft verwendete er die in jenen Tagen unermeßliche Summe von 7881 Pfund, 8 Schilling und 3 Pence auf die Kathedrale und die Klostergebäude, wie man aus seinen Büchern ersehen kann. Aber selbst das reichte nicht aus, den Vierungsturm ausreichend instandzusetzen.

In einem *The Rites of Durham* genannten Buch besitzen wir einen einmaligen Bericht über das Aussehen dieser großartigen Kirche und das Alltagsleben dort im ausgehenden Mittelalter. Es erschien zuerst 1672, und man nimmt an, daß es 1593 von jemandem geschrieben wurde, der in seiner Jugend dem Kloster angehört hatte. Er hatte entweder ein phänomenales Gedächtnis, oder er konnte sich auf ein früheres Manuskript berufen, denn er berichtet in liebevollem Detail über Einzelheiten des Bauwerks und dessen Tagesablauf. Betrachten wir zum Beispiel seine Beschreibung des Jesus-Altars, der zwischen den letzten beiden Säulen am Ostende des Langhauses stand. Auf den Wänden rechts und links davon, sowie auf dem Retabel dahinter waren die Passionsgeschichte und die zwölf Apostel in Stein gemeißelt. Darüber "war von Säule zu Säule eine Bordüre geschaffen, kunstvoll in Stein gearbeitet, mit wunderbar zarten Farben, und eigenartig und wundervoll mit Zweigen und Blumen ausgeschmückt, und je länger man sie betrachtete, desto größer wurde die Sehnsucht des Betrachters, und sein Wohlgefallen, sie zu bewundern". Über allem "erhob sich die schönste und berühmteste Altarwand im ganzen Land, mit dem Bildnis Marias auf der einen und dem Bild Josephs auf der anderen Seite, zusammen mit zwei herrlichen, schimmernden Erzengeln, einer auf der einen Seite Marias, der andere auf der anderen Seite Josephs. Die Schönheit der Wand, die Erhabenheit der Malerei und die Lebendigkeit des Gemäldes ergaben zusammen eines der schönsten Kunstwerke in der ganzen Kirche." Immer wieder verweilt der Autor bei einem schönen Detail, das zerstört ist, und schreibt mit von Trauer erfülltem Stolz: "Es war das schönste im ganzen Land." Er berichtet uns, wie die Kirche für die verschiedenen Festtage geschmückt wurde, erzählt uns vom Alltagsleben im Kloster, und wer die Glocken wann läutete; er spricht von den Büchern, dem Gesang, den Verzierungen, und jedem nur erdenklichen Punkt von Interesse in seiner geliebten Kirche

"Graue Türme von Durham. Und doch – wie ich die Vielfalt eurer Wucht und Masse liebe. Halb Kirche, halb Bollwerk gegen den Schotten." Sir Walter Scott, von der Prebends-Brücke zur Kathedrale blickend.

Zerstörung und Erneuerung

Im Mai 1541 rekonstituierte Heinrich VIII. die Kathedrale, indem er einen Dekan und zwölf Präbendare (Kanoniker) anstelle der Mönche einsetzte, und anordnete, daß die Kirche selbst nunmehr Kathedrale Unseres Herrn Jesus Christus und der Heiligen Jungfrau Maria zu nennen sei. Der letzte Prior, Hugh Whitehead, wurde der erste Dekan, und das Leben an der Kathedrale ging weiter. Eine Zeitlang gelang es Whitehead, alles im wesentlichen so zu bewahren, wie es gewesen war. Insbesondere die Bibliothek wurde mehr oder minder vollständig erhalten, was der Grund dafür ist, daß Durham noch heute einen derartigen Reichtum an mittelalterlichen Büchern und Manuskripten besitzt. Die schlimmsten Schäden wurden nach Whiteheads Tod angerichtet. Sein Nachfolger, Robert Horne, war überzeugter Reformer, aber er war nur zwei Jahre im Amt, als die Thronbesteigung Marias ihn dazu zwang, auf den Kontinent zu flüchten; Königin Elisabeth aber rief ihn zurück, und er war zwei weitere Jahre lang Dekan, bis er Bischof von Winchester wurde. Er zerschlug viel, aber es war sein Nachfolger, William Whittingham, der sechzehn Jahre lang im Amt war, der das Zerstörungswerk vollendete. Zweifelsohne erschien vielen die Zerstörung aus religiösen Gründen unumgänglich.

Als Dekan Hunt (1620–38) sein Amt antrat, hatte die Laudianische Reaktion eingesetzt, und Hunt begann damit, die Kathedrale erneut auszuschmücken. Ihm zur Seite stand John Cosin, damals einer der Kanoniker, und später Bischof von Durham, der eine herausragende Figur ist, selbst in der Reihe herausragender Figuren, die den Bischofssitz innehatten. Sie ersetzten den alten hölzernen Altar, der seit der Reformation seinen Dienst getan hatte, durch einen marmornen, der heute noch da steht, wenn auch durch einen größeren

aus Holz verdeckt. Zusammen mit seiner Ausstattung soll er mehr als £3000 gekostet haben. Sie führten auch eine Menge Reparaturarbeiten aus, besonders an der großen Uhr im südlichen Querhaus, und ließen vieles neu bemalen und vergolden. Dies, und Cosins Bestehen auf Musik und der Einhaltung von Ritualen im Gottesdienst, erzürnte Peter Smart, den Sechsten Kanoniker,

Links: ⑬
Blick vom Hauptaltar.

Unten: ⑫
Bischof Hatfield
(1318–33 Bischof von Durham) ließ dieses Altargrabmal für sich selbst errichten. Über ihm der Bischofsthron.

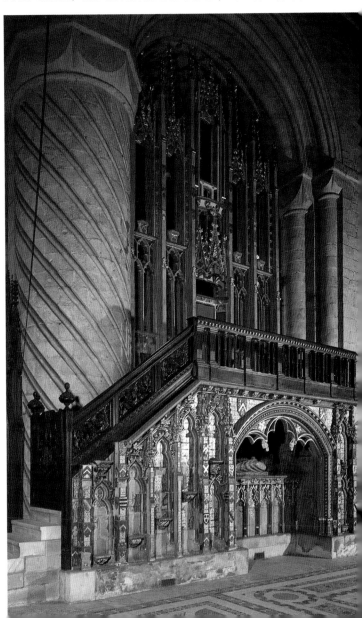

aufs heftigste. Er war ein Mann mit einer scharfen Zunge, der sich anscheinend in der Rolle eines John Knox von Durham sah. Er erging sich mit unverminderter Heftigkeit in Schimpfereien gegen Hunt und Cosin und all ihre Arbeit, bis er 1628 des Amtes enthoben und gefangengesetzt wurde; das Lange Parlament aber gab ihm sein Amt zurück, und er trat schließlich im Prozeß gegen Laud als Zeuge auf.

1650 erlitten die Überreste des mittelalterlichen Kathedraleninneren noch größeren Schaden. Nach der Schlacht von Dunbar am 3. September jenes Jahres nahm Cromwell 10000 schottische Soldaten gefangen, von denen 4000 nach Durham getrieben wurden. Dort wurden sie, halb verhungert, und erschöpft vom langen Marsch, in der Kathedrale eingeschlossen. Sie bekamen keine Kohlen, also verheizten sie das Chorgestühl und alles andere, was irgendwie brennbar war – mit Ausnahme des Uhrengehäuses. Es heißt, daß sie das Uhrengehäuse verschonten, weil auf ihm eine schottische Distel eingeschnitten war; man kann aber auch argumentieren, daß die Gefangenen Wert auf etwas legten, das ihnen nicht nur die Zeit anzeigte, sondern auch die Phasen des Mondes und der sieben Sterne.

Zahlreiche Gefangene starben und wurden ohne viel Aufsehen verscharrt. Derjenige, der sie gefangenhielt, raubte ihnen nicht nur alles, was sie am Leibe hatten, sondern entwendete auch das wie ein Pelikan geformte Lesepult aus Messing und verhökerte es zu seinem persönlichen Gewinn.

Gegen Ende seiner Zeit plante Cromwell, die Einkünfte der Kathedrale zur Gründung einer Universität zu verwenden, aber die Charta war eben erst ausgegeben worden, als er starb, und alles bis zur Restauration stillstand, als Kirche und König wieder das ihrige erhielten, und John Cosin als Bischof zurückkehrte. Es gab viel in der Diözese zu tun, aber er vernachlässigte deswegen nicht die Kathedrale. Aus seiner Zeit stammen das heutige Chorgestühl, der Taufbrunnen, der Litaneitisch und die jetzt im Altarraum befindlichen Faltstühle, und eine große, aus Eiche geschnitzte Chorschranke, die die Orgel trug, und die die Steinschranke ersetzte, die vormals den Eingang zum Chorraum markierte. Es heißt, daß James Clement sein Architekt war, der 1690 verstarb, und im Kirchhof von St. Oswald begraben liegt. Der Dekan, John Sudbury, begann mit dem Bau einer Bibliothek auf den Mauerresten des alten Refektoriums, aber er starb vor ihrer Vollendung.

Danach gab es 100 Jahre lang kaum Veränderungen. Die Dekane kamen meist aus hochgestellten Familien und hatten andere Interessen in Südengland, wo sie gerne den Großteil ihrer Zeit verbrachten. Es gab zwölf Präbendare, die manchmal fähige, aber immer einflußreiche Männer waren, denn die Kathedrale war wohlhabend, und Positionen dort sehr gefragt. Diejenigen, die sie innehatten, blieben gewöhnlich lange genug in Durham, um ihren Verpflichtungen nachzukommen, und gingen dann weg, um sich ihren anderen Interessen zu widmen. 1777 berichtete John Wooler, der Architekt der Kathedrale, daß sich das Bauwerk in einem alarmierenden Zustand befände. Die Südseite entlang zog sich ein Riß im Gewölbe über die ganze Länge des Schiffs von Osten nach Westen. Die Wand auf der Kreuzgangseite bog sich nach außen, und das Mauerwerk war überall derartig erodiert, daß Wasser eindrang. Um dem abzuhelfen, wurde vorgeschlagen, etwa 5 bis 10 Zentimeter von der Außenhaut des Mauerwerks abzumeißeln. Sämtliche Türme und Spitzen waren dringend renovierungsbedürftig, und der Raum über dem Nordportal, in

dem Wächter nach Asylsuchenden Ausschau gehalten hatten, war im Zerfall begriffen und gehörte abgerissen. Die Arbeiten wurden George Nicholson, Woolers Gehilfen, anvertraut, der soeben für Dekan und Kapitel die Prebends-Brücke über den Wear gebaut hatte. Im Zuge der Arbeiten verschwand ein Großteil der Verzierungen auf der Außenseite, und das Rundfenster in der Kapelle der Neun Altäre, das in seinen Originalzustand hätte zurückversetzt werden sollen, wurde nach dem Geschmack des an ihm arbeitenden Steinmetzen verändert. Oft schiebt man James Wyatt die Schuld an dieser Zerstörung in die Schuhe, obwohl er erst siebzehn Jahre nach Beginn dieser Arbeiten in Durham antrat. Doch hinterließ auch er ein Erinnerungsstück: auf seinen Rat hin wurde die Hälfte des Kapitelhauses abgerissen und die Überreste in eine komfortable Sakristei verwandelt.

1840 begann eine neue Phase der radikalen Veränderung an der Kathedrale, die sich über dreißig Jahre hinzog. Der Gedanke war, alles zu öffnen. Die Schranke samt Orgel aus dem 17. Jahrhundert, die den Chor vom Langschiff trennte, wurde herausgenommen und die großen Westportale, die Kardinal Langley hatte zumauern lassen, wurden wieder geöffnet, so daß der Blick ungehindert von der Galiläa-Kapelle bis hin zum Hauptaltar schweifen konnte. Das ganze erwies sich dennoch als Enttäuschung. Die großen Portale wurden wieder verschlossen; Langleys Altar, der der Suche nach ungehinderter Sicht zum Opfer gefallen war, wurde durch einen modernen ersetzt. In der Kapelle der Neun Altäre wurden die Schnitzereien rund um Cuthberts Schrein entfernt, um den Blick auf die Rückseite des Neville-Screen zu ermöglichen. Zum Glück fand ein Großteil davon ein neues Heim in der Universitätsbibliothek und wurde jetzt durch genug neues Material rsetzt, um es wieder vollständig zu machen. Der Besucher kann sich selbst in Urteil darüber bilden, ob dieses Holzwerk ein derartig störendes Element ausmacht, wie man vor einhundert Jahren er Ansicht war.

Zur gleichen Zeit etwa befand man, aß die Uhr im südlichen Querschiff, die uf Prior Castells Zeit (1494–1519) zurückging, für einen Sakralbau zu rotesk war; also zerlegte man das Gehäuse und setzte das Zifferblatt in die Wand des Querschiffes ein. Viele der enster im Langschiff wurden verändert, nd eine Anzahl von ihnen mit farbigem Glas versehen. Wenn man in Betracht eht, wie minderwertig viktorianisches untes Glas oft ist, muß man verwundert ein, daß soviel von erstaunlich guer Qualität ist. Der Kreuzgang wurde estauriert, und das südliche Ende des Dormitoriums, das seit geraumer Zeit ls Wohnraum verwendet worden war, vurde ausgeräumt, so daß der herrliche Raum wieder in seiner Gesamtheit zu ewundern war. Die Bibliothek Dekan udburys im Refektorium wurde restauriert. Die fehl am Platze wirkenden Glasscheiben, die zu dem Zeitpunkt einesetzt wurden, sind inzwischen wieder urch traditionelle bleigerahmte Fenster rsetzt worden. Unter der Leitung von ir Gilbert Scott wurden zahlreiche Areiten am Vierungsturm durchgeführt. Der Zement, der über das gesamte Äußere geschmiert worden war, wurde bgekratzt, und ein Teil der Oberfläche eu verkleidet. 27 Statuen wurden vieder in ihren Nischen aufgestellt, und reizehn neue hinzugefügt. Das Turmußere wurde so beträchtlich verändert. Das Entfernen der Chorschranke nit der Orgel zeigte nicht den gewünschen Erfolg als Beitrag zur Verschönerung der Kathedrale. Irgendetwas war vonöten, um die lange Linie von Osten nach Westen zu unterbrechen; also erichtete Sir Gilbert Scott von 1870 bis

1876 den Lettner aus Marmor und Alabaster, der noch immer am Eingang zum Chor steht, und die daneben befindliche reich verzierte Kanzel. Zur gleichen Zeit wurden der Putz und die Tünche, die sämtliche Innenwände bedeckten, abgewaschen, und man konnte erneut sehen, wie sie wirklich aussahen. Chor und Altarraum wurden mit Marmor neu ausgelegt, und Hunts Altar wurde mit einem größeren überbaut, der jedoch jedes Jahr während der Karwoche und zur Adventszeit entfernt wird, so daß man den Altar fast so sehen kann, wie er zu jakobitischer Zeit war. 1895 wurde das Kapitelhaus im Gedenken an Bischof Lightfoot restauriert.

Oben: ②
Der von Bischof John Cosin in der zweiten Hälfte des 17. Jh. gestiftete Taufstein mit Abdeckung.

Links: ⑨
Die Uhr, südliches Querschiff. Das Gehäuse stammt aus dem späten 15. Jh., Zifferblätter und Werk wurden 1632 erneuert. Die Kanzel wurde von Sir Gilbert Scott entworfen und 1870–6 aufgestellt.

Die Schatzkammer und das Dormitorium

Die Schatzkammer der Kathedrale ist eine Ausstellung wertvoller und schöner Objekte, die durch 900 Jahre Geschichte der Kathedrale führen. Hier befinden sich die Reliquien des Heiligen Cuthbert (einschließlich des Holzsargs, in dem er 995 nach Durham gebracht wurde), feines Altargeschirr, reich verzierte Manuskripte, bischöfliche Ringe und Siegel, bestickte Roben.

Das Dormitorium, das sich über der Schatzkammer befindet, ist jetzt eine Bibliothek. Zwischen Ostern und Ende September ist es zu bestimmten Zeiten der Öffentlichkeit zugänglich.

Unten: (19)
Das Dormitorium. 1398 begonnen, 1404 fertiggestellt; ursprünglich in kleine Kabinen unterteilt. Die Dachbalken sind original.

Links: (19)
Beglaubigte Kopie des Prayer Book von 1662 mit dem Großen Siegel Charles II.

Rechts (Oben): (19)
Hostienteller und Abdeckung, 17. Jh., mit dem Wappen Bischof Cosins.

Rechts (Mitte): (19)
Kapuze einer für den Besuch Charles I. angefertigten Robe; dargestellt ist David mit dem Haupt Goliaths.

Rechts (Unten): (19)
Titelseite des Johannesevangeliums, Teil der Durham Gospels. Der Illuminator aus dem 7. Jh. war offensichtlich ein Meister seiner Kunst.

Die Kathedrale und die Gemeinde

"Als 'Gemeinschaft von Verwaltern' . . . fördern wir die Lehre und die Kunst." Die Worte des Dekans heute wären zu fast jeder Zeit in der Geschichte der Kathedrale wahr gewesen. Schon vor der Gründung der Universität von Durham gab es eine starke Lehrtradition. Sowohl in ihrer Charta als auch in ihren Statuten ist es der Kathedrale als Pflicht anheimgegeben, sich um die Erziehung der Jugend zu bemühen, und in Erfüllung dieser Pflicht wurde eine Public School unterhalten; die Ausbreitung der Industrie und der damit einhergehende Anstieg der Bevölkerungszahl machten eine Universität im Norden Englands immer notwendiger. In dem neuen Zeitalter, das mit dem Plädieren für die

Reformgesetzgebung begann, war es unerläßlich, etwas zu tun. Im August 1831 schrieb Dr. Jenkinson, Dekan von Durham und Bischof von St. David, an einige Mitglieder des Kapitels, mit der Bitte, man möge sich diesbezüglich Gedanken machen. Im September des gleichen Jahres hatte das Kapitel einen Plan für die Einrichtung einer Universität ausgearbeitet. Der Bischof von Durham, William van Mildert, trug mit Geld- und Landgaben dazu bei, und stellte schließlich seine Festung für die Unterbringung des neuen College zur Verfügung. Dekan und Kapitel gaben Besitztümer im Wert von £3000 pro Jahr, und am 4. Juli 1832, weniger als ein Jahr nachdem der Plan zum ersten Mal erwähnt worden

REMEMBER BEFORE GOD
THE DURHAM MINERS WHO HAVE
GIVEN THEIR LIVES IN THE PITS
OF THIS COUNTY AND THOSE WHO
WORK IN DARKNESS AND DANGER
IN THOSE PITS TODAY

HE BREAKETH OPEN A SHAFT AWAY FROM WHERE MEN SOJOURN
THEY ARE FORGOTTEN OF THE FOOT THAT PASSETH BY. JOB 28.4.

Links: ⑥
Das Bergleutedenkmal. Die Holzschnitzerei ist zum großen Teil spanischer Herkunft aus dem 17. Jh., aber das Laubwerk und die Putten sind englischjakobitisch.

war, wurde der Parlamentsakte, die die Einrichtung der neuen Universität beschloß, die königliche Zustimmung gegeben. Die zwölf Kanonikerposten wurden auf fünf reduziert, wobei zwei von ihnen an Universitätsprofessoren zu vergeben waren. Es gibt immer noch einen Kanoniker-Professor. Lange Zeit war der Dekan auch Rektor der Universität.

Die Kathedrale berührt jeden Bereich des Lebens der Stadt Durham und ihres Umlandes. Der Bergbau ist seit langem einer der wesentlichen Industriezweige der Region, und die Verbindung mit der Kathedrale war schon immer eng, wie auch das Grubenarbeiterdenkmal von 1947 bezeugt. In Sondergottesdiensten ist auch die Armee zahlreich vertreten, und nach dem Ersten Weltkrieg widmeten Dekan und Kapitel zum Gedächtnis an die in aller Welt Dienst tuenden 37 Batallione der Leichten Infanterie Durhams eine Kapelle. Die Fahne, die das Schiff HMS Invincible während des Falklandkrieges mit sich führte, hängt jetzt im südlichen Querschiff.

Während der letzten 50 Jahre ging die Arbeit zur Erhaltung und Erneuerung des Kathedraleninneren weiter, und neue Kunstwerke haben ihre Schönheit weiter vergrößert. Bischof Hatfields Grabmal wurde neu bemalt und vergoldet, und ein von Sir Ninian Comper entworfener Baldachin wurde über der Grabstätte St. Cuthberts angebracht. Die Gregorskapelle bekam einen neuen, von George Pace entworfenen Altar, und ein Lesepult aus Eichenholz nimmt die Stelle des großen, von Gilbert Scott entworfenen Messinglesepults ein, das restauriert wurde. Glasfenster von Hugh Easton, Alan Younger und Mark Angus wurden im Kapitelhaus, im Langschiff und in der Galiläa-Kapelle eingesetzt, wo sich auch wunderschöne Schriftzüge auf einer Gedenkstätte bei Bedas Grabmal befinden. Renate Melinsky hat neue Meßgewänder entworfen und gefertigt.

Links: ⑥
Die Barrington-Statue. Bischof Barrington war ein Freund der Evangelikalen, ein großer Philanthrop, und am Ackerbau interessiert. Diese Statue ist ein ausgezeichnetes Beispiel für Chantreys Arbeit.

Links: ⑮
Gedenkstätte für Bischof William van Mildert (1765–1836), den letzten Fürstbischof und – zusammen mit Dekan und Kapitel – Gründer der Universität von Durham.

Melanie Sproat entwarf und fertigte zwei neue Kelche und Hostienteller aus Silber und Gold. Die zeitlosen Fertigkeiten von Steinmetz und Zimmermann werden nach wie vor von den Handwerkern der Kathedrale beherrscht, die ständig erneuern und ausbessern, um die Kathedrale in gutem Zustand zu halten.

1987 wurde die Kathedrale von Durham als World Heritage Site of historical and architectural interest erklärt, das Unterstützung und Schutz verdient. Die normannischen Architekten und Bauleute hatten mit den hochgezogenen Rippengewölben Neuland betreten, und die Kathedrale von Durham ist und bleibt die großartigste Leistung der normannischen und romanischen Baukunst.

Sollten Sie noch mehr über die Kathedrale, ihre Geschichte und ihr Leben wissen wollen, empfehlen wir Ihnen die audio-visuelle Darbietung in der Priors Hall Undercroft (Krypta unter dem Priorssaal).

Links: ⑤
"Täglich Brot", von Mark Angus entworfenes Glasfenster im nördlichen Seitenschiff, gestiftet 1984 von Marks und Spencer anläßlich des hundertjährigen Bestehens der Firma.

Unten:
Kathedrale und Festung von Durham, ausgewählte World Heritage Site.

Gegenüber:
Die beiden fast 50 Meter hohen Türme verleihen der Westseite Wucht und Würde. Der Kreuzgang verlor 1827 durch weitgehende Restauration viel von seinem ursprünglichen Charakter.

Gegenüber (kleines Bild):
Ein junger Steinmetz führt eine jahrhundertealte Tradition fort.

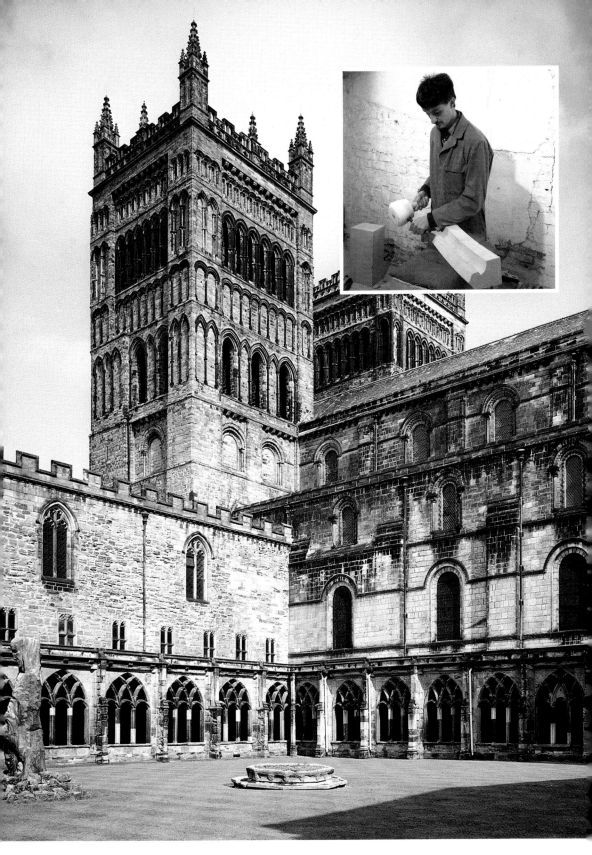

Die Kathedrale lebt. Der mehr als gut besuchte Weihnachtsgottesdienst ist nur ein Beispiel für die beliebten Sondergottesdienste, die jährlich für die Gemeinden der Diözese Durham, die Universität, die Armee, die Gerichtshöfe und die Bergleute gehalten werden.